Martha Bürvenich

DIE KLEINE BANK IM PARK

Liederbuch

Für ihre Tochter
Margot Anna Heikamp, geb. Heumann
(1934 – 2022)

MARTHA
BÜRVENICH

DIE KLEINE BANK IM PARK

Liedtexte, Gedichte und Notenblätter

GILL
VERLAG

Bibliografische Information der Deutschen Nationalbibliothek:
Die Deutsche Nationalbibliothek verzeichnet diese Publikation in der Deutschen Nationalbibliografie; detaillierte bibliografische Daten sind im Internet über http://dnb.dnb.de abrufbar.

MARTHA BÜRVENICH
Die kleine Bank im Park
Liederbuch

Originalausgabe
1.Auflage Februar 2022
2. Auflage März 2023

Covergestaltung:
Renee Rott

Buchsatz:
Gill-Media

GILL-VERLAG Heinrich Heikamp
Neusser Straße 75, 41564 Kaarst
Verkehrsnummer: 95833
www.gill-verlag.de

ISBN 978-3-926800-33-6

Druck und Vertrieb Buchhandel:
Book on Demand, Norderstedt

Inhaltsverzeichnis

Vorwort

Martha Bürvenich habe ich nicht wirklich kennengelernt. Meine Großmutter war Ende der Achtzigerjahre von Einbeck nach Rommerskirchen gezogen, zu ihrer einzigen Tochter Margot, meiner Mutter. Zu dem Zeitpunkt waren meine Schwestern schon aus dem Haus, und mein Bruder und ich waren kleine Kinder. An ihr Gesicht erinnere ich mich nur noch, weil ihr Foto in Wohnzimmer des Familienhauses hängt.

Meine Mutter Margot erzählte mir später viel über die Lieder, die Oma Martha geschrieben und komponiert hatte. Vor allem natürlich von dem titelgebenden Lied „Die kleine Bank im Park". Was hier so lustig verfasst wurde, prägte leider die Kindheit und Jugend meiner Mutter: Weil Martha Bürvenich nicht mit der Verantwortung für ein Kind klar kam, gab sie das Mädchen in ein Waisenhaus.

Meine Mutter Margot erzählte mir später viel über die Lieder, die Oma Martha geschrieben und komponiert hatte. Vor allem natürlich von dem titelgebenden Lied „Die kleine Bank im Park". Was hier so lustig verfasst wurde, prägte leider die Kindheit und Jugend meiner Mutter: Weil Martha Bürvenich nicht mit der Verantwortung für ein Kind klar kam, gab sie das Mädchen in ein Waisenhaus. Dort wuchs meine Mutter auf, bevor sie nach Rommerskirchen zu einer sehr liebevollen Pflegemutter kam.

Nach dem Tod meiner Großmutter übergab meine Mutter mir eine Kladde mit den Originalmanuskripten und Notenblättern, die ich hier nach knapp 32 Jahren später als Buch herausgebe. Die Originale sind teilweise kaum noch zu lesen, wie man anhand der Fotos sehen kann. Darum habe ich die Texte abgetippt und den Fotos vorangestellt. Die passenden Notenblätter finden Sie als Abschluss des Bandes.
Von ein oder zwei Ausnahmen abgesehen sind alle hier veröffentlichten Lieder zeitlos und können auch heute noch gespielt werden, um gute Laune zu verbreiten. Ich freue mich, wenn Sie Spaß an den Karnevalsschlagern finden.

Mit freundlichen Grüßen
Heinrich Heikamp

PS: Im Internet habe ich noch zwei Liederbücher von Interpreten und Bands mit dem Titel „Die kleine Bank im Park" gefunden. Da Martha Bürvenich ihre meisten Lieder kurz vor und nach Kriegsende geschrieben und komponiert hat, gehe ich davon aus, dass ihr Text der älteste ist.

Die kleine Bank im Park
(Melodie „Das alte Försterhaus“)

Es war ein Mädchen von kaum achtzehn Jahren,
Die liebte einen feschen, jungen Mann.
Doch sie vergaß der Mutter es zu sagen,
Der Klapperstorch kam leider prompt heran.

Refrain:
Die kleine Bank im Park, dort wo die Buchen steh´n,
Die hat im Leben schon manch´ Freud´ und Leid geseh´n.

Die Kleine kam, die Mutter lag danieder
Der junge Vater wurd´ nicht mehr geseh´n.
Das Mädchen schwört: „Passieren tut´s nicht wieder,
ob ich mich nicht nach ´ner anderen Bank umseh´?“

Refrain:
Die kleine Bank im Park, dort wo die Buchen steh´n,
Die hat im Leben schon manch´ Freud´ und Leid geseh´n.

Ein Kater sprach zu einem schönen Kätzchen:
„Miau, Miau, komm´ werde meine Frau!“
Das Kätzchen schnurrt: „Ach lass´ doch diese
Mätzchen,
Du kannst nicht treu sein mir, Miau, Miau!“

Refrain:
Die kleine Bank im Park, dort wo die Buchen steh´n,
Die hat im Leben schon manch´ Freud´ und Leid geseh´n.

Zum Täuberich flog eine junge Taube,
Sie gurrte zärtlich ihm etwas ins Ohr:
„Ich weiß im Park eine kleine Liebeslaube!“
Doch er denkt stolz: „Ich wäre ja ein Tor!“

Refrain:
Die kleine Bank im Park, dort wo die Buchen steh´n,
Die hat im Leben schon manch´ Freud´ und Leid geseh´n.

Wir drei wir trinken gerne eine Molle,
Der gute Wein kann auch sympathisch sein.
Und schimpft zu Haus auch nachher unsere Olle,
Das stört uns nicht, denn unser Herz ist rein.

Refrain:
Die kleine Bar, die Klause, wo wir gerne steh´n,
Die hat im Leben schon so manchen Rausch geseh´n.

Doch nun ade, das Lied geht jetzt zu Ende.
Wenn´s Euch gefallen hat, so applaudiert.
Und wirklich schön, wenn sich jemand fände,
Der mit uns trinkt und Runden uns spendiert.

Refrain:
Die kleine Bank im Park wird bald vergessen sein,
Hoch Bier von Einbeck und ein Hoch dem deutschen Wein.

[illegible] verfaßt und gewidmet [illegible] und [illegible]-Sänger "Die 3 [illegible]" von der Gesellschaft der Karnevalsfreunde in Einbeck von Martha Bürvenich, Einbeck.

(Melodie: "Das alte Försterhaus")

Es [illegible] ein Mädchen von kaum achtzehn Jahren,
Die liebte einen feschen, jungen Mann.
Doch sie vergaß der Mutter es zu sagen,
Der [illegible] kam leider [illegible] heran.

:Die kleine Bank im Park, dort wo die Buchen steh'n,
Die hat im Leben schon manch' Freud' und Leid geseh'n.:

[illegible], die Mutter lag danieder.
Der junge Vater ward' nicht mehr geseh'n.
Das Mädchen schwört: "Passieren tut's nicht wieder,
[illegible] der andern Bank umseh'n."

:Die kleine Bank im Park, dort wo die Buchen steh'n,
Die hat im Leben schon manch' Freud' und Leid geseh'n.:

Ein [illegible] sprach zu einem schönen Kätzchen:
"[illegible], komm' werde meine Frau!"
Das Kätzchen [illegible]
Du kannst nicht treu sein [illegible]!"

:Die kleine Bank im Park, dort wo die Buchen steh'n,
Die hat im Leben schon manch' Freud' und Leid geseh'n.:

Zum Täuberich flog eine junge Taube,
Sie gurrte [illegible] ihm etwas ins Ohr:
"Ich [illegible] kleine Liebeslaube!"
Doch [illegible]: "Ich wäre ja ein Tor!"

:Die kleine Bank im Park, dort wo die Buchen steh'n,
Die hat im Leben schon manch' Freud- und Leid geseh'n.:

Wir drei, wir trinken gerne eine Molle,
Der gute Wein kann auch sympathisch sein.
Und schimpft zu Haus auch nachher unsere Olle,
Das stört uns nicht, denn unser Herz ist rein.
:Die kleine Bar, die Klause, wo wir gerne steh'n,
Die hat im Leben schon so manchen Rausch geseh'n.:

Doch nun ade, das Lied geht jetzt zu Ende.
Wenn's Euch gefallen hat, so applaudiert.
Und wirklich schön wenn sich jetzt jemand fände,
Der mit uns trinkt und Runden uns spendiert.

:Die kleine Bank im Park wird bald vergessen sein,
Hoch Bier von Einbeck und [illegible]
[illegible] dem deutschen [illegible]

Feiern Hochzeit heute zwei junge Leute

1948! Im Juli! Ein ganz lebhafter Trubel
Am Walkemühlenweg natürlich, mit großem Jubel
Feiern Hochzeit heute
Zwei junge Leute!

Jean und Ursel, die kein Gewicht legen auf
besondere Ehren,
Aber wer ließe sich heute von jemandem wehren,
Ihnen zu gratulieren und wünschen das Beste
Zu ihrem heutigen Hochzeitsfeste!

Da kommen sie alle, von fern und von nah,
Keiner will fehlen, nein, alle sind da
Zu wünschen Glück und Segen immerdar
Und alles Gute Jahr für Jahr!

Das Amt natürlich und Schleicher und Schüll
05 und der Tennisverein gratulieren will.
Bekannte und Freunde und andere Leute
Alle freuen sich mit Euch heute.

Und alle meinen, es müsste gelingen,
In einem Jahre wieder Glückwünsche zu bringen.
Zum Wiegenfeste finden wir uns dann ein
Und 05 wird um einen Spieler reicher sein!

Doch ist es ein Mädchen, wollen wir auch nichts
sagen,
Die wird dann fleißig Bälle schlagen

Im Tennisverein. Doch ganz gleich, was es sei,
Ob Junge oder Mädchen, wir sind dabei!

Jetzt komme zum Schluss ich, will keine Zeit mehr verlieren,
Als Sprecher ruf laut ich: Wir gratulieren!
Von ganzem Herzen und uneingeschränkt,
Sollt leben noch Ihr und dessen gedenkt:

Wir sind Eure Freunde und bleiben die Alten,
Nochmals unseren Glückwunsch und bleibt uns lange erhalten!

1948! Im Juli! Ein ganz lebhafter Trubel
Am Walkemühlenweg natürlich, mit grossem Jubel
Feiern Hochzeit heute
Zwei junge Leute!

Jupp und Ursel, die kein Gewicht legen auf besond
Ehren,
Aber wer liesse sich heute von jemandem wehren,
Ihnen zu gratulieren und wünschen das Beste
Zu ihrem heutigen Hochzeitsfeste!

Da kommen sie alle, von fern und von nah,
Keiner will fehlen, nein, alle sind da
Zu wünschen Glück und Segen immerdar
Und alles Gute Jahr für Jahr!

Das Amt natürlich und Schleicher und Schüll
08 und der Tennisverein gratulieren will.
Bekannte und Freunde und andere Leute
Alle freuen sich mit Euch heute.

Und alle meinen, es müsste gelingen,
Ineinem Jahre wieder Glückwünsche zu bringen.
Zum Wiegenfeste finden wir uns dann ein
Und 08 wird um einen Spieler reicher sein!

Martha Bürvenich

Doch ist es ein Mädchen, wollen wir auch nichts
sagen
Die wird dann fleissig die Bälle schlagen
Im Tennisverein.Doch ganz gleich was es sei,
Ob Junge oder Mädchen,wir sind dabei!

Jetzt komme zum Schluss ich, will keine Zeit mehr
verlieren,
Als Sprecher ruf laut ich:Wir gratulieren!
Von ganzem Herzen und uneingeschränkt,
Sollt leben noch lange Ihr und dessen gedenkt!

Wir sind Eure Freunde und bleiben die Alten,
Nochmals unseren Glückwunsch und bleibt uns
lange erhalten!

Schlachte-Fest

Es war einmal ein Borstenvieh,
Das lebte frisch und fröhlich hie.
Es wurd´ gefüttert und betreut,
Und grunzte vor Zufriedenheit.

Doch eines Tages ach oh Graus,
Da war das schöne Leben aus.
Es war jetzt rund und fett und schwer,
Drumm musste nun der Schlachter her.

Er tötete das arme Tier,
Und teilt es auf in zwei und vier.
Daraus wurden Kotletts, Steke, Schinken,
Auch Speck und fette Würste winken!

Das gab ein braten, kochen, schmoren,
Ein emsig fleißiges Rumoren,
Bis all´ die Würste prall gefüllt
Und auch die Dosen dicht verhüllt.

Dann lud man ein der Gäste Schar.
Es kam von hier und dort ein Paar,
Zum frischen fröhlichen Schlachtefeste.
Der Gastgeber bot das Allerbeste!

Die labten sich an Speis´ und Trank
Und machten alle Teller blank.
Und dachten nicht ans arme Tier,
Dass ach sein Leben ließ hierfür.

Ach, wenn Du armes Schwein gewusst,
Das dafür du mal sterben musst,
Du hätt´st bestimmt nicht viel gefressen.
Dann hätt´ man dich vielleicht vergessen!

" Schlachte-Fest! "

Es war einmal ein Borstenvieh,
Das lebte frisch und fröhlich hie.
Es wurd' gefüttert und betreut
Und grunzte vor Zufriedenheit.

Doch eines Tages ach oh Graus,
Da war das schöne Leben aus.
Es war jetzt rund und fett und schwer,
Drum musste nun der Schlachter her.

Er tötete das arme Tier
Und teilt es auf in zwei und vier.
Daraus wurden Kotletts, Steke, Schinken,
Auch Speck und fette Würste winken!

Das gab ein Braten, kochen, schmoren,
Ein emsig fleissiges Rumoren,
Bis all' die Würste prall gefüllt
Und auch die Dosen dicht verhüllt.

Dann lud man ein der Gäste Schar.
Es kam von hier und dort ein Paar,
Zum frischen fröhlichen Schlachtefeste.
Der Gastgeber bot das Allerbeste!

Die labten sich an Speis' und Trank
Und machten alle Teller blank.
Und dachten nicht ans arme Tier,
Dass ach sein Leben liess hierfür.

Ach wenn Du armes Schwein gewusst,
Das dafür du mal sterben musst,
Du hätt'st bestimmt nicht viel gefressen,
Dann hätt' man dich vielleicht vergessen!

Martha.
Bürvenich

Zum Jahreswechsel!

Böse Jahre sind vergangen,
Jahre voller Pein und Not,
Jahre voll von Angst und Bangen,
Tag und Nacht bedroht.

Die uns Heimat ist - verwüstet,
Lässt zerstört das ganze (deutsche) Land.
Doch jetzt der Horizont sich lichtet,
Das Schicksal führt uns an der Hand. -

In ein neues bess´res Leben. –
Wenn wir einig sind und treu,
Werden wir bestimmt erleben,
Schöne Zeiten, frei und neu!

Erhebt das Glas, lasst es erklingen,
Stoßt an mit mir mit hellem Klang!
„Prosit Neujahr" und lasst uns singen,
Den echten rheinischen Gesang:

Drum soll erklingen, lenzfroh das Lied,
Pflückt die Rosen eh´ sie verblüh´n!
Niemals kehrt wieder was mal vorbei –
Selige Jugend, Minne und Mai!

Trallalala …

Zum Jahreswechsel!

Böse Jahre sind vergangen,
Jahre voller Pein und Not,
Jahre voll von Angst und Bangen,
~~Haben~~ Tag und Nacht ~~uns sehr~~ bedroht.

Unsere ~~Städte sind~~ Heimat ist verwüstet,
~~Und~~ zerstört das ~~Deutsche~~ Land.
Doch jetzt der Horizont sich lichtet,
Das Schicksal führt uns an der Hand -

In ein neues bess'res Leben.-
Wenn wir einig sind und treu,
Werden wir bestimmt erleben,
Schöne Zeiten, frei und neu!

Erhebt das Glas, lasst es erklingen,
Stosst an mit mir mit hellem Klang!
"Prosit Neujahr" und lasst uns singen,
Den echten rheinischen Gesang:

:Drum soll erklingen, lenzfroh das Lied,
Pflücket die Rosen eh' sie verblüh'n!
Niemals kehrt wieder was mal vorbei -
Selige Jugend, Minne und Mai!:

Trallalalla ....

-----.-----

Martha Bürvenich

Wer den Wein liebt

Schunkel-Walzer-Lied

Seit jeher schon wurde besungen
Der Rhein von unzähligen Zungen.
Schnell fließt er von Basel bis Mainz,
Von dort bis Köln hört man nur eins:

Refrain:
„Wer den Rhein liebt, der liebt auch den Wein,
Wer den Rhein liebt auch seine Mägdelein.
Nur beim Wein am Rhein mit seinen schönen Mägdelein,
Kann man erst so recht von Herzen glücklich sein."

Die Mädchen vom Rhein, die sind ehrlich,
So frisch, so frei und so fröhlich.
Sie lachen und küssen recht gern,
Drum klingt es von nah und von fern:

Refrain:
„Wer den Rhein liebt, der liebt auch den Wein.
Wer den Rhein liebt auch seine Mägdelein.
Nur beim Wein am Rhein mit seinen schönen Mägdelein,
Kann man erst so recht von Herzen glücklich sein."

Die Herzen, sie schlagen dort schneller,
Es blitzen die Augen viel heller,
Schnell hat man geschlungen ein Band,
Von Herz zu Herz und Hand zu Hand:

Refrain:
„Wer den Rhein liebt, der liebt auch den Wein.
Wer den Rhein liebt auch seine Mägdelein.
Nur beim Wein am Rhein mit seinen schönen Mägdelein,
Kann man erst so recht von Herzen glücklich sein."

Walzer-Schunkel-Lied!

Text und Melodie von Frau Martha Bürvenich.

Gewidmet der "Gesellschaft der Karnevalsfreunde Einbeck."

Seit jeher schon wurde besungen
Der Rhein von unzähligen Zungen.
Schnell fliesst er von Basel bis Mainz,
Von dort bis Köln hört man nur eins:

"Wer den Wein liebt, liebt auch den Rhein,
Wer den Rhein liebt, auch seine Mägdelein.
Nur beim Wein am Rhein mit seinen schönen Mägdelein,
Kann man erst so recht von Herzen glücklich sein."

Die Mädchen vom Rhein, die sind ehrlich,
So frisch, so frei und so fröhlich.
Sie lachen und küssen recht gern,
Drum klingt es von nah und von fern:

"Wer den Wein liebt usw."

Die Herzen, sie schlagen dort schneller,
Es blitzen die Augen viel heller,
Schnell hat man geschlungen ein Band,
Von Herz zu Herz und Hand zu Hand:

" Wer den Wein liebt usw."

...-...

Lieber Freund ich rate Dir

Wer niemals einen Rausch gehabt,
Das ist kein braver Mann!
So sagt das Sprichwort, glaubt es mir,
Es ist bestimmt was dran.
Wer niemals eine Maid geküsst
In lauschiger Sommernacht,
Der weiß auch nicht, wie schön das ist,
Nicht, wie das glücklich macht:

Refrain:
Lieber Freund ich rate Dir:
Lieb´ Wein und Mägdelein.
Und nun den Ober schnell herbei
Und dann schenke ein.
Heute woll´n wir lustig sein,
Tanzen durch die Nacht,
Eher wird nicht Schluss gemacht,
Bis das der Tag erwacht,
Eher wird nicht Schluss gemacht,
Bis das der Tag erwacht.

Wer niemals wagt, auch nie gewinnt!
Das Sprichwort ruft Dir zu:
Mein lieber Freund versuch´ das Glück,
Es lacht Dir freundlich zu.
Wem nie die durch Liebe leid geschah,
Auch Seligkeit nicht kennt,
Weiß nicht, wie heiß im Herzen oft,
Heimliche Liebe brennt:

Refrain:
Lieber Freund ich rate Dir:
Lieb´ Wein und Mägdelein.
Und nun den Ober schnell herbei
Und dann schenke ein.
Heute woll´n wir lustig sein,
Tanzen durch die Nacht,
Eher wird nicht Schluss gemacht,
Bis das der Tag erwacht,
Eher wird nicht Schluss gemacht,
Bis das der Tag erwacht.

Wer nie die Nacht zum Tag gemacht,
Kennt nicht den Übermut.
Sein Herz ist alt und alt sein Sinn,
Hat keinen Lebensmut.
Wem nicht zu raten ist, so sagt man,
Ist auch zu helfen nicht.
Der bleibt sein ganzes Leben lang
Ein armer Tropf und Wicht.

Refrain:
Lieber Freund ich rate Dir:
Lieb´ Wein und Mägdelein.
Und nun den Ober schnell herbei
Und dann schenke ein.
Heute woll´n wir lustig sein,
Tanzen durch die Nacht,
Eher wird nicht Schluss gemacht,
Bis das der Tag erwacht,
Eher wird nicht Schluss gemacht,
Bis das der Tag erwacht.

Walzer-Schunkel-Lied!

Text und Melodie von Frau Martha Bürvenich.

Gewidmet der "Gesellschaft der Karnevalsfreunde Einbeck."

Wer niemals einen Rausch gehabt,
Das ist kein braver Mann!
So sagt das Sprichwort, glaubt es mir,
Es ist bestimmt was dran.
Wer niemals eine Maid geküsst
In lauschiger Sommernacht,
Der weiss auch nicht, wie schön das ist,
Nicht, wie das glücklich macht:

Refrain:

Lieber Freund ich rate Dir:
Lieb' Wein und Mägdelein.
Und nun den Ober schnell herbei
Und dann schenke ein.
Heute woll'n wir lustig sein,
Tanzen durch die Nacht,
Eher wird nicht Schluss gemacht,
Bis das der Tag erwacht,
Eher wird nicht Schluss gemacht,
Bis das der Tag erwacht.

Wer niemals wagt, auch nie gewinnt!
Das Sprichwort ruft Dir zu:
Mein lieber Freund versuch' das Glück,
Es lacht Dir freundlich zu.
Wem nie durch Liebe Leid geschah,
Auch Seeligkeit nicht kennt,
Weiss nicht, wie heiss im Herzen oft,
Heimliche Liebe brennt:

"Lieber Freund ich rate Dir usw."

Wer nie die Nacht zum Tag gemacht,
Kennt nicht den Uebermut.
Sein Herz ist alt und alt sein Sinn,
Hat keinen Lebensmut.
Wem nicht zu raten ist, so sagt man,
Ist auch zu helfen nicht.
Der bleibt sein ganzes Leben lang
Ein armer Tropf und Wicht!

"Lieber Freund ich rate Dir usw."

---.---

NOTENBLÄTTER

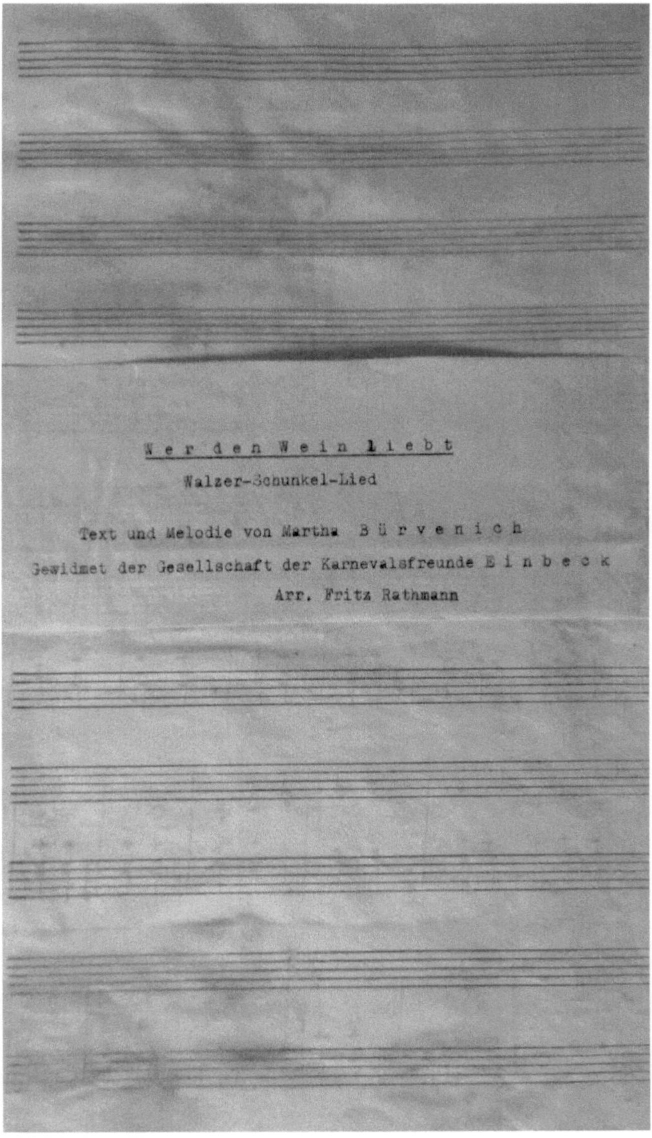

W e r d e n W e i n l i e b t

Walzer-Schunkel-Lied

Text und Melodie von Martha B ü r v e n i c h

Gewidmet der Gesellschaft der Karnevalsfreunde E i n b e c k

Arr. Fritz Rathmann

Piano
Wer den Wein liebt
Schunkel-Walzer-Lied
WALZER
VERSE:
REFRAIN:
WER DEN
WEIN
LIEBT
LIEBT AUCH DEN

RHEIN LIEBT AUCH SEI - NE MÄG - DE - LEIN - - NUR BEIM
WEIN AM RHEIN MIT SEI - NEN SCHÖ - NEN MÄG - DE - LEIN
KANN MAN ERST SO RECHT VON HER - ZEN GLÜCK - LICH
SEIN. WER DEN
2.
GLÜCK LICH SEIN.
2. DIE
3. DIE
D.S. BEI VERS 3
GLÜCK - LICH SEIN.
FINE

VIOLINE I
Wer den Wein liebt.....
Schunkel-Walzer-Lied
WALZER
VERSE:
REFRAIN:
D.S. bei VERS
FINE

Lieber Freund ich rate Dir - - -
Walzer
Refrain:
I.
II
Bei Vers 3 bei Wieder= holen in den Schluß
Schluß

Martha Bürvenich wurde am 27.10.1916 mit dem Familiennamen Heumann in Köln geboren. Sie lebte lange Zeit auf der Backofenstraße 46 in Einbeck, wo sie ihre Lieder und Gedichte schrieb. Witwe von Johann Friedrich Bürvenich.

Ihr letzter Wohnsitz war bei ihrer einzigen Tochter Margot Anna Heikamp, geb. Heumann, und deren Familie in Rommerskirchen. Sie verstarb am 27.09.1990 um 12:35 Uhr in Grevenbroich.

Martha Bürvenich widmete ihre Lieder der Gesellschaft der Karnevalsfreunde Einbeck. Der Text „Die kleine Bank im Park“ widmete sie laut ihren hinterlassenen Notenbriefen insbesondere den Parodisten und Krätzchen-Sängern „Die 3 Rüben“, aber die ersten zwei Strophen waren immer für ihre Tochter gedacht.